AF224264

COMPTE-RENDU

D'UNE

EXCURSION EN ALGÉRIE

PAR A. GASCARD,

Délégué de la Société des Amis des Sciences naturelles
de Rouen
au Congrès de l'Association française pour l'avancement des sciences,
à Oran.

—————

Lu en séance générale, le 2 août 1888.

ROUEN

IMPRIMERIE EMILE DESHAYS ET C°

SUCCESSEURS DE LÉON DESHAYS.

—

1889

EXCURSION EN ALGÉRIE

COMPTE-RENDU

D'UNE

EXCURSION en ALGÉRIE

Par A. GASCARD,

Délégué de la Société des Amis des Sciences naturelles
de Rouen
au Congrès de l'Association française pour l'avancement des sciences,
à Oran.

Lu en séance générale, le 2 août 1888.

ROUEN

IMPRIMERIE EMILE DESHAYS et Cᵉ

Successeurs de Léon Deshays.

1889

COMPTE-RENDU

D'UNE

EXCURSION EN ALGÉRIE

« L'Association française pour l'avancement des sciences » se rendait, cette année, à Oran, pour son Congrès annuel. C'était bien loin, Oran ! mais la tentation l'emportant, et délégué par la Société des Amis des Sciences naturelles de Rouen, je décidai de m'y rendre. J'eus le bonheur de trouver, au départ, mon excellent ami, M. Miray, avec lequel il me fut donné de partager et les plaisirs et les fatigues de la route.

Algérie, oasis, désert, c'était pour nous des mots pleins de promesses. Mais avant de vous parler de cette « terre promise, » quelques mots du départ.

Marseille, le grand port, nous voit embarquer ; grandes appréhensions de cette « mer Méditerranée » que l'on dit intraitable souvent pour les pauvres passagers... et nous éprouvâmes ses colères, longtemps, jusqu'à ce qu'on nous eût crié : Alger !

Notre itinéraire particulier nous donnait cette ville comme point de débarquement. Aussi, la connaissions-nous avant de l'avoir vue ; nous connaissions même son histoire, ses rues et ses édifices. Je me garderai bien, cependant, de dire que ce fut pendant la traversée que nous apprîmes toutes ces choses. L'antipyrine ne fut même pas reconnaissante envers nous de tout le bien qu'on nous dit d'elle et que nous lui accordions avant de

---

Ce compte-rendu devait paraître dans le Bulletin de la Société, actuellement à l'impression ; de là le retard apporté à sa publication.

partir. Je ne vous ferai pas du reste une longue disser-
tation à son endroit.

Nous arrivons à Alger ; il est grand matin. De longues
lignes de feux nous permettent de déterminer l'emplacement de la ville, bâtie en amphithéâtre. Nous pouvons
distinguer ses quais au niveau de la mer, et près de là,
un immense viaduc qu'on nous dit plus tard servir de
rue et de promenade.

Nous débarquons, et, avec le soleil, guide en mains,
nous passons quelques heures à suivre l'itinéraire qu'il
nous indique : Le jardin Marengo nous donne à respirer
tous ses parfums ; les mosquées ont aussi le parfum du
grand silence religieux qui règne sous leurs voûtes.

Après avoir visité la ville européenne, nous allons voir
la ville arabe, *la Casbah*, aux maisons échelonnées en
longues marches d'escalier gigantesque et tortueux.
Nous nous y arrêtons fort peu. L'Arabe est là chez lui,
paresseux, jouissant dans la saleté de la paresse même ;
là, le « doux farniente » n'a pas même le poétique qu'on
en pouvait rêver pour lui.

Ayant vu, nous passons, abandonnant ces choses pour
aller vers d'autres choses nouvelles : c'est le départ pour
Blidah.

Après avoir dépassé le jardin d'essai et la Maison-
Carrée, nous découvrons cette immense plaine de la
Mitidja, d'une fertilité si renommée.

Le train nous emporte pendant quelque temps à travers
de véritables forêts de citronniers et d'orangers et nous
arrête près de Blidah, La ville qui ressemble un peu à
toutes les villes algériennes est vite parcourue. Nous descendons sur la « Chiffa » et la « Vallée des Singes, » où
quelques pauvres quadrumanes vivent encore en liberté.
Nous distinguons de loin le tombeau de la « Chrétienne »
sur les origines duquel les archéologues se perdent.

Nous reprenons la ligne d'Oran.et Oran c'est le Congrès!
nous remarquons en passant le village de « Hammi-Moussa »
où se tenait un marché arabe. Puis la voie court entre
des haies d'eucalyptus, de faux poivriers, de caroubiers,
laissant apercevoir des buissons de lentisques et de juju-
biers sauvages au milieu de pâturages et de moissons.

Nous voilà arrivés. Les quelques heures qui nous sont
laissées sont employées à voir ce qu'il y a d'intéressant
dans la ville: Nous visitons même le « village nègre, » et
je n'ai rien trouvé de plus saisissant que le récit donné
par M. Enne, de ce village.

« A Oran, dit-il, c'est un amas de petites maisons basses,
bâties en pisé, sans fenêtres extérieures ; elles ont l'air
de vieilles femmes sàoules, arc-boutées les unes sur les
autres et titubant au bord des ruisseaux ; là-dedans vivent
les familles arabes, pauvres toutes. Quelle pestilence
d'huiles rances et d'exhalaisons méphitiques! Il n'y faut
pas chercher la poésie naïve des orientalistes. La saleté
triomphe! ô le pittoresque! »

Partis presque écœurés nous n'avons qu'à attendre en
repos l'heure qui nous a été indiquée pour nous rendre
au cirque Benayon, où doit avoir lieu la séance d'inau-
guration du Congrès.

Bons souhaits de bien venue de la part des autorités de
la ville, auxquels souhaits M. le colonel Laussedat, Président de la Société, répond au nom de tous les Membres ;
et puis, choses de cœur terminées, viennent choses d'intérêt intellectuel,

M. Laussedat, en termes toujours si élevés, prononce
un admirable discours sur l'influence civilisatrice des
sciences appliquées aux arts et à l'industrie. J'ose, sans
vouloir trop abuser de votre temps, vous donner quelques pensées qui se sont fixées en ma mémoire et qui
m'ont semblé être le fond de son discours :

C'est d'abord un souvenir du premier Congrès, fait au lendemain même de la guerre de 1870. L'orateur montre que la science sait jouer un bien terrible rôle dans les combats. Mais si elle est la force des combats, elle est, de plus, la force sur laquelle la France doit s'appuyer et compter toujours. La guerre peut être une nécessité, mais il y a autre chose à faire que de perfectionner l'art de détruire : « on sert encore la Patrie en servant l'humanité. » Il développe alors ses belles et grandes idées d'union de tous les peuples par la science, idées d'union et de paix.

Il résume les progrès de la science ; il narre les travaux et les découvertes de tous les chercheurs d'idées de tous les temps et de tous les lieux, jusqu'après le moyen-âge ; alors « une révolution intellectuelle se produit, » la science marche et avance en même temps que les progrès sociaux, activant elle-même le perfectionnement de la société... Et, depuis, tous les savants se sont donné le but de poursuivre ces idées d'avancement, mais pour se donner à la science et que la science se donne à eux, ils ont besoin de la paix.

Il fait ensuite l'éloge de toutes les branches de la science, et termine : « La civilisation peut paraître fondée sur la connaissance approfondie de toutes les forces de la nature, et les peuples les plus avancés peuvent être ceux qui savent le mieux employer celles qui sont à leur portée. L'agriculture, sur ce sol fertile d'Algérie, est chose de devoir pour les colons, mais l'industrie doit savoir encore être l'âme de l'agriculture et de tout désormais. »

Les dernières paroles de M. Laussedat sont accueillies par des applaudissements.

M. de Clermont donne lecture du rapport traditionnel et chacun devenu libre se dirige vers les bureaux de chaque section de l'Association.

Délégué par votre Société, je me suis fait un devoir,

devoir fort agréable, du reste, de choisir celle des sections qui pourrait me permettre de recueillir quelques observations pouvant vous intéresser. Je dois cependant vous prévenir que peu de choses m'ont paru devoir nécessiter pour vous un rapport bien étendu.

Le lendemain même de notre arrivée à la section de zoologie ont été soumis des *rapports sur* « *la mécanique animale et l'hyponautique ; le développement de la muqueuse gastrique; sur l'analyse de pelotes de réjections des rapaces nocturnes ; le lacertaperspicillata ;* sont développées encore des *études helminthologiques.*

Et aux jours suivants, M. le Dr Fumouze traite de l'*huechys sanguinea.* Il donne d'intéressants détails sur cet hémiptère. Il dit n'avoir pu réussir à extraire de cet insecte une substance vésicante, et ce même insecte aurait été rangé à tort parmi les insectes vésicants. D'autre part, il a pu en extraire une matière colorante jaune orange, que l'on obtient très facilement et qui pourra peut-être recevoir un jour une application.

M. le Dr Bureau, directeur du Muséum d'histoire naturelle de Nantes, insiste sur la situation privilégiée de l'Algérie au point de vue des *observations sur le passage des oiseaux migrateurs* et sur l'intérêt qu'il y aurait à poursuivre des études dans ce sens sur notre possession française. Parti de France dans les premiers jours de mars, un mois environ avant l'époque à laquelle nous arrivent les oiseaux de printemps, M. Bureau a constaté, à son arrivée en Algérie, la présence de la plupart de nos insectivores. En 28 heures de traversée on peut donc aller d'un mois au moins au devant des oiseaux qui, au printemps, s'éloignent des régions profondes de l'Afrique pour gagner la France. M. Bureau a pu ainsi constater une étape bien marquée dans ces migrations si peu connues et si dignes d'attention.

M. Lataste, dans ses *Considérations sur les deux denti-
tions des mammifères*, résume sa communication dans les
deux définitions suivantes : « La 1re dentition ou dentition de lait, ou dentition temporaire, comprend la 1re série
horizontale des dents diphysaires ; la 2e dentition ou dentition permanente comprend la totalité des autres dents,
aussi bien les dents diphysaires de la 2e série horizontale que les dents monophysaires, et parmi celles-ci,
aussi bien les postérieures (vraies molaires) que les anté-
rieures (incisives, canines et prémolaires).

MM. Pouchet et Beauregard annoncent *la description
détaillée du squelette d'une baleine des Basques*, espèce de-
venue très rare, qui a été capturée. par des pêcheurs sur
les côtes de l'Algérie.

M. de Guerne montre (par une série d'observations)
l'*importance du rôle que jouent les oiseaux et les palmipèdes
en particulier dans la dissémination des organismes d'eau
douce*.

M. Chevreux, du Croisic, signale dans la faune des
crustacés amphipodes de la côte d'Algérie, deux espèces
nouvelles et cinq autres qui n'avaient pas encore été
signalées en Méditerranée.

M. Filhol résume brièvement quelques-unes de ses
observations relatives aux mammifères d'Argentan. Après
examen d'ossements trouvés en ce point par M. Vasseur,
dans un dépôt datant de l'époque de la formation du cal-
caire grossier supérieur, M. Filhol y a constaté la présence du *Lephiodon-Isselense* et celle d'un *Hyrachius* d'espèce nouvelle. Les Hyrachius n'avaient jamais encore été
signalés à une époque aussi ancienne et jamais on ne les
avait trouvés associés au Léphiodon. La forme ancestrale
du Tapir a donc vécu sur notre sol à une époque géologique fort reculée.

M. le colonel Laussedat fait une *communication sur l'utilité*

*qu'il y aurait à répandre en Algérie l'élevage des pigeons
voyageurs*. Il rappelle l'usage important que les Arabes
ont fait autrefois des pigeons voyageurs, les services
rendus pendant la guerre de 1870 par ces oiseaux. Il fait
ressortir les avantages considérables que l'on peut trouver
dans l'enrôlement des pigeons voyageurs qu'entretien-
nent les Sociétés colombophiles, et en conclut que si
parmi les colons algériens il se trouvait des amateurs
capables d'organiser des concours comme ceux qui sont
encouragés en France, on trouverait dans bien des cir-
constances à utiliser un mode de correspondance très
simple et très sûr à la fois.

M. Laussédat a donné sur l'instinct des pigeons voyageurs des détails qui prouvent que l'art du colombophile
peut atteindre une grande perfection.

Au cours du Congrès, une *conférence sur les acridiens* a
été faite par un membre de l'Association, M. Künckel
d'Herculaïs, qui, lui-même, a parcouru les régions où
éclosent ces orthoptères. Il a indiqué les moyens à
employer contre l'invasion et pour la destruction des
sauterelles.

Entre temps, aux heures de liberté à nous laissées,
nombre de petites excursions aux alentours ont été faites:
excursions avec un but presque toujours scientifique, par
ce temps de Congrès.

C'est d'abord une excursion géologique au barrage de
Saint-Denis-du-Sig; une visite aux immenses chantiers
d'Alfa d'Oran; c'est une promenade à la station ther-
male de « Hammam-bou-Hadjar. C'est encore une visite
au ravin et au parc d'autruches d'un notable d'Oran. C'est
une plus longue excursion aux villages des Andalouses,
de Bou-Sfer, d'Aïn-el-Turc, et au domaine d'El-Ançor.
Là nous avons admiré d'un seul tenant cinq cents hec-

tares de vignes. De ce point aussi, il nous fut donné d'admirer un effet de mirage sur la Méditerranée.

Une herborisation sur le massif de Santa-Cruz me fait recueillir quelques plantes particulières à la région, et dont le nom m'a été donné par un collègue de l'Association française, habitant Oran.

Suivent les noms de quelques-unes de ces plantes :

Andryala arenaria, B et R.
Lygeum spartum, L.
Fagonia cretica, L.
Chamærops humilis, L.
Alyssum maritimum, L.
Lotononis-Labordea, L.
Gladiolus byzantinus, M. M.
Hedysarum pallidum, D.
Helocharis palustris, L.
Lotus cytisoides, L.
Reseda collina, J. Gay.
Juncus Bufonius, L.

Calendula, parviflora, Raf.
Ampelodesmos Tenax, Link.
Pistacia lentiscus, L.
Pieridium vulgare, Desf.
Aizoon hispanicum, L.
Ephedra altissima, Desf.
Capparis ovata, Desf.
Andryala sinnata, L.
Micropus supinus, L.
Hedypnoïs polymorpha, D.C.
Catanauche cærulea, L.

En cet endroit, je recueillis quelques échantillons de fer oligiste dont un spécimen est sous vos yeux.

Mais le temps a vite passé ; les fêtes ont succédé aux fêtes et la fin du Congrès est arrivée. Nous devons quitter Oran et commencer la grande excursion finale.

La veille, s'est tenue l'assemblée générale de clôture. On a déjà décidé le choix de la ville pour le Congrès de 1890, comme on a élu un nouveau Président et un nouveau Vice-Secrétaire.

Au matin du jour de départ, les groupes se sont formés, et puis chaque groupe s'est souhaité mutuellement des choses merveilleuses à voir. Chacun s'est dit au revoir, au revoir qui, en pareil cas, est souvent adieu.

On est prêt à partir et l'on part enfin regrettant la bonne hospitalité reçue : la douce impression de l'amitié nous suivra longtemps....

Nous faisons partie de la caravane A : en tout 20 personnes. Nous allons dans la direction du Maroc, à Tlemcen; deux heures de chemin de fer et quelque 8 à 9 heures de voiture.

Nous admirons sur notre passage la Sebkha, le grand lac salé, dont nous suivons les bords, et peu après, nous descendons à Aïn-Temouchent. Sans arrêt presque, nous nous mettons en route pour Tlemcen : la voiture nous emporte à travers des haies d'agaves et d'immenses cactus... et toujours ces mêmes agaves et ces cactus. Enfin, nous arrivons. Notre séjour dans cette ville nous permet de visiter ses monuments arabes, la mosquée de Bou-Médine, et les ruines imposantes de Mansourah. Les grottes d'Aïn-Fezza sont illuminées en notre honneur, il y a une « diffa », repas gargantuesque et étrange... Et c'est avec ces souvenirs que, le lendemain, nous nous éloignons de Tlemcen pour gagner, à travers l'Atlas, Lamoricière et Sidi-Bel-Abbès.

Cette dernière ville ne nous remet guère en mémoire que le nom de l'humble, mais héroïque général qui la fonda, le général Prudhon.

Aussi, hâtons-nous notre départ vers Alger pour Constantine.

De retour à Alger, nous visitons le jardin d'essai, avec ses magnifiques avenues de palmiers, de magnolias, de figuiers et de platanes. Au sortir de ces promenades admirables nous allons visiter le ravin de la femme sauvage, ravin si plein de fraîcheur dans la saison aride.

Puis, le lendemain, en chemin de fer, nous suivons les pentes des monts du Djebel-Djurjura, où habitent les Kabyles et nous arrivons aux « Portes de fer » : des roches verticales dressent à quelque distance de la voie leurs murailles gigantesques ; on sent que la main est puissante qui a remué ces masses épouvantables. Et à l'entour, l'aridité, comme un avant-goût du désert. Passé el-Guerrah, nous observons quelques arabes occupés à chasser les sauterelles.

Nous voilà à Constantine. Toujours attachée au flanc de la ville, et la dominant, nous apercevons l'éternelle Casbah. Nous visitons le Rummel et ses grottes où vont nicher et vautours et cigognes : là, comme dans toute l'Algérie on respecte les cigognes ; l'âme des marabouts vénérés réside en elles !

En route pour le désert, le grand désert aux immenses étendues qui semblent effrayer !... mais le chemin est long qui conduit au grand désert. Arrivés à el-Kantara, dernière station du chemin de fer [1], nous prenons une voiture dite tapissière pour nous diriger vers Biskra. Une petite station à el-Outaya laisse recueillir au bord d'un ravin desséché quelques concrétions de sel venant de la montagne. Nous reprenons notre marche. A mesure que nous approchons de Biskra, la stérilité se manifeste ; à peine quelques traînées de verdure dans de longues plaines de sable. On pressent le désert, la vaste mer que le soleil fait étinceler et que le simoun parfois ondule en vagues énormes.

Nous voilà à Biskra, la Biskra aux palmiers superbes, la grande oasis au milieu des sables.

Nous allons prendre un peu de ces sables, et quelques pierres en souvenir ; nous ramassons quelques coloquintes qui ont poussé là nous ne savons comment.

Nous prenons encore quelques « mains de Fatma » comme

---

(1) A cette époque, la voie ferrée s'arrêtait à el-Kantara ; depuis elle a été prolongée jusqu'à Biskra.

disent les arabes, quelques roses de Jéricho, que l'humi-
dité seule, la nuit, entr'ouvre à peine... et nous rentrons
à Biskra. Nous avions vu le désert et ses tristesses.

A son retour de Sidi-Okba, un de nos compagnons de
route, M. Quesnel, de Rouen, nous raconta qu'une mère,
pour lui présenter son enfant nouveau-né et le rendre
plus présentable, trouva fort à propos de lui « lécher la
figure »...

Nous partons de Biskra.

Nous voilà sur le chemin du retour : nous revenons
vers le Nord. Un écart nous fait visiter Bône, puis con-
tournant le pays des Kroumirs, nous filons sur Tunis :
c'est la dernière fleur d'Orient que nous offre cette terre
d'Afrique.

Tunis ! nous vîmes le Bardo et son souverain ; les
soutes et leurs marchands. Là, comme ailleurs, le Juif et
l'Arabe se rapinent et tous deux rapinent l'étranger ; c'est
la plaie du pays.

Je ne vous ferai pas longuement visiter près de là les
ruines de Carthage. Je ne vous parlerai pas de tronçons de
colonnes de porphyre et d'onyx : ce qui vient d'Orient est
bien transformé parfois dans les récits ; ces choses ne sont
plus pour nous, si elles ont été : de ces ruines célèbres,
d'immenses citernes que l'on aménage pour l'alimenta-
tion de la ville des Beys, restent seules encore et c'est
presque tout.

Cependant, grâce au dévouement d'un bon religieux
fixé sur l'emplacement même de l'antique cité, mais né
tout près de Rouen, nous pouvons visiter ce qui a pu
être recueilli de ces débris de ruines. Plein de patience,
il a classé échantillons de toute sortes : ramassis curieux
de choses curieuses. Il nous explique tout avec la plus
douce affabilité : encore un bon souvenir laissé.

Mais l'heure du départ vient. Au loin nous apercevons

le vapeur qui doit nous emporter et nous et nos souvenirs.

Malgré toutes les satisfactions éprouvées dans notre
voyage, nous reprenons le chemin de la France avec
plaisir.

J'aurais été bien heureux de pouvoir vous offrir,
Messieurs, un compte-rendu qui vous intéressât un peu.

Cet intérêt, la belle terre d'Algérie le mérite... et
mieux encore, car, ainsi qu'on l'a dit : « Quand on a vu
l'Algérie, on veut la revoir, et quand on l'a revue, on veut
l'habiter ».